DE LA SERVITUDE

TEMPORAIRE

DES NOIRS,

ET

D'UNE COLONISATION

DE MILITAIRES

A SAINT - DOMINGUE.

PAR LE CIT. FLASSAN,

ci-dev. chef de la 1ere divis. polit. aux relat. extér.

A PARIS,

De l'Imprimerie des ANNALES DES ARTS
ET MANUFACTURES, rue J.-J. Rousseau, n°. 11.

16 FRUCTIDOR AN X.

Dans un ouvrage intitulé : De la pacification de l'Europe, *que j'ai publié en fructidor de l'an 8, je disais page 72 :* « *Le nouveau territoire de* » *Saint-Domingue pourrait être mis* » *promptement en valeur, en le dis-* » *tribuant par lots, à la paix, aux* » *jeunes militaires licenciés ; là se* » *trouverait ce milliard promis à nos* » *guerriers.* »

C'est cette idée que, d'après les circonstances présentes, je crois devoir développer.

DE LA SERVITUDE

TEMPORAIRE

DES NOIRS,

ET

D'UNE COLONISATION

DE MILITAIRES

A SAINT-DOMINGUE.

La nécessité de restaurer Saint-Domingue est une conséquence de son utilité, utilité qui ne peut être un objet de discussion dans l'état actuel des nations commerçantes......

Les revenus de cette colonie, qui étaient, avant la révolution, de 240 millions, sont aujourd'hui diminués des trois quarts. La population, qui s'élevait à 600 mille ames, compte à peine la moitié de ce même nombre, et des ruines couvrent une partie des habitations.

Ainsi se sont évanouis tant d'avantages

et de moyens de ❦ grandeurs, par une trop hâtive émancipation des noirs, et la subversion funeste qui en résulte se prolongera jusqu'à ce qu'on ait appliqué les moyens de restauration, lesquels sont très-indépendans de la soumission de l'île.

Un noir, doué de quelques qualités, aspirait à y exercer toute sa vie une autorité presque royale; Saint-Domingue ne tenait plus à la métropole que simulément ou par un fil imperceptible, et si celle-ci ne se fût hâtée de prévenir l'organisation définitive de ce pouvoir usurpé, il se fût élevé à Saint-Domingue un empire d'Africains, qui eût peu à peu enlevé les Antilles aux Européens, ou fût devenu l'asile des forbans de l'Amérique.

Puisque les noirs ont été placés par la fortune dans un ordre de choses particulier, et que leur destinée se trouve de nouveau par le fait, nous être subordonnée, il faut la diriger avec énergie et prudence, et sur-tout en vue d'accélérer la restauration de la principale de nos colonies.

Les modes de restauration pour Saint-Domingue se réduisent à deux principaux;

1°. Le rappel des noirs à une servitude ou à un enrôlement temporaire;

2°. La fondation d'une colonie de militaires à Saint-Domingue.

On peut diviser en deux classes les noirs actuels de Saint-Domingue :

1°. Ceux qui ont joué un rôle dans la révolution, occupé des emplois civils et militaires, ou qui sont propriétaires aisés;

2°. Ceux qui sont restés simples agriculteurs ou n'ont exercé que des emplois très-subalternes.

La première classe ne pouvant plus porter les fers, doit recevoir la liberté, non par suite des anciens décrets de la Convention, mais par *une décision spéciale du gouvernement français*, en faveur de chaque individu de cette espèce. Quant à ceux qui par leur conduite dans la révolution s'en seraient montrés indignes, il doit leur être accordé un délai pour sortir définitivement de l'île, avec défense d'y rentrer jamais, ainsi que dans aucune colonie française. Les Etats-Unis ou tout autre pays à leur choix, leur serviront d'asile.

La deuxième classe, celle des noirs cultivateurs, artisans et autres , suivra le travail des habitations et la culture par habitude ou par misère, et on peut les y contraindre, quoiqu'il soit difficile de croire qu'ils se plieront à toute la rigueur de l'ancienne servitude : la liberté connue ne s'oublie jamais ; et si elle ne fut qu'un fantôme pour les Français, elle fut très-réelle pour le noir, appelé tout à coup de l'esclavage à la propriété, et de la plus vile abjection aux distinctions sociales.

De plus, le gouvernement s'est lié envers la population noire de Saint-Domingue, par des proclamations solennelles qui lui promettent la liberté, liberté confirmée par les capitulations avec plusieurs chefs. Ce sera donc beaucoup désormais, que d'astreindre les noirs à un service de TRENTE ANS, à moins qu'ils ne préfèrent de s'enrôler à vie, acte qu'ils ne pourraient faire que la dixième année de leur service.

C'est-là le seul moyen d'accorder la politique, la foi donnée et l'équité, comme de concilier les actes du gouvernement qui accordent la liberté aux noirs de Saint-Domingue et de la Guadeloupe, et la refusent à ceux de la Martinique et de Sainte-Lucie.

S'il ne faut pas subordonner la politique aux

principes, il ne faut pas non plus soumettre les principes à la politique. La première manière est celle de l'ignorance, et la seconde celle de l'immoralité ou d'un despotisme atrabilaire. La vraie science apprend à combiner les principes et la politique, et sous ce rapport, on peut dire que les colons ont perdu les colonies aussi bien que les amis des noirs; car si ceux-ci accordaient tout aux abstractions, les premiers soumettaient tout à l'intérêt.

Dans le droit, aucune puissance, aucune législation ne peut soumettre une nation innocente à un esclavage perpétuel. Il ne suffit pas à un spéculateur de noirs de dire : « Je » les ai achetés, ils sont à moi; » — car on peut lui repondre : « Aviez-vous le droit d'acheter ? » Et si vous-même étiez vendu par la force » ou l'astuce, vous tiendriez-vous pour légi- » timement vendu ? »

Voici le seul raisonnement qui soit permis au traficant de noirs : « Je vous ai tirés, » peut-il leur dire, à mes frais et périls, d'une » terre sauvage, et où vous vous déchiriez, » pour vous transporter sur un sol meilleur, » sous un gouvernement éclairé. En retour » vous m'accorderez vos services pendant » trente ans; après quoi vous serez libres. »

Mais l'acheteur ne peut imposer une servitude éternelle ; car aucun bienfait ne saurait
en balancer l'horreur, ni aucun raisonnement
en pallier l'injustice. L'esclavage indéfini doit
donc être remplacé par un enrôlement temporaire, lequel n'a rien d'odieux et offre presque les mêmes avantages au colon, s'il est
assez adroit ou assez soigneux pour s'attacher
les noirs et leur faire préférer le service à vie,
à l'émancipation.

Ce nouveau régime peut sur-tout être facilement exécuté à l'égard des nouveaux su-
jets qu'on amènera de Guinée. Leur ame,
neuve et ignorante, se prêtera aux lois et à
la discipline qu'on voudra leur imposer, lois
qu'il serait sage d'adoucir par des tempéram-
mens, tels que de meilleurs salaires et de plus
longs repos, de crainte qu'éclairés bientôt par
les anciens noirs, l'esprit d'insurrection ne
s'emparât d'eux, et que la mort qu'ils dédai-
gnent ne leur parût préférable.

On pourrait accorder une liberté préma-
turée ou avant le terme de trente ans, au
noir qui aurait dix enfans vivans, à celui qui
aurait sauvé la vie à un blanc, découvert un
complot, ou qui pourrait acheter sa liberté,
etc. etc.

De même qu'on pourrait, suivant la nature du délit, condamner le noir à un service prolongé et même à vie.

Ainsi l'espoir d'une juste liberté luirait encore aux yeux des noirs, et ce peuple dépendant, mais non esclave, travaillerait à MÉRITER, source de toute vertu privée comme de toute prospérité publique.

Je passe au deuxième moyen de restauration, celui d'une COLONISATION DE MILITAIRES, et non d'une *colonisation militaire*, ce qui est bien différent ; car la première expression indique seulement que les individus de la colonisation nouvelle seraient pris parmi les militaires ; au lieu que la seconde présente l'idée d'une association permanente à la fois militaire et agricole, de la part de laquelle le gouvernement pourrait rencontrer des résistances et un esprit récalcitrant.

Les soldats encore jeunes qui viennent de faire la campagne de Saint-Domingue, ceux qui ont fait celle d'Égypte, accoutumés à un ciel brûlant, sont susceptibles de s'acclimater à Saint-Domingue, et peuvent facilement y former une colonisation, principalement dans la partie espagnole, plus fraîche, plus tempérée que la partie française. On sait qu'il s'y trouve des bois, des vallons et des savanes, où paissent de nombreux troupeaux de bœufs et de chevaux sauvages. Ainsi la vie rurale la plus douce et la plus salubre de toutes, deviendrait le partage de beaucoup de soldats, qui avec de la sobriété et des travaux modérés, s'acclimateraient insensiblement ; car il n'est nullement démontré que la population européenne ne puisse se naturaliser à Saint-Domingue, et remplacer même graduellement la caste africaine. Si les blancs ne peuvent cultiver la canne à sucre, l'indigo, le cafier dans la partie française, ils peuvent du moins se livrer à la culture des graminées et à l'éducation des troupeaux dans les vallées ombragées de la partie espagnole. On sent tout l'avantage qui résulterait de cette colonisation de militaires : personnellement intéressés à la prospérité de Saint-Domingue, ils contiendraient les noirs, et dans les guerres futures, ils présenteraient de grandes ressources pour la levée d'une milice insulaire d'autant meilleure, qu'elle braverait le climat.

De l'exécution du plan.

Il serait fait dans le plus bref délai un ca-

dastre général et détaillé des domaines natio-
naux et de toutes les terres à la disposition du
gouvernement dans l'île de Saint-Domingue,
et le résultat de ce cadastre, en indiquaut l'é-
tendue et la valeur des terres disponibles dé-
terminerait le nombre des militaires qui peuvent être dotés à Saint-Domingue. On divi-
serait les terrains libres EN PARTS ; chaque
part comprendrait une étendue de terre suf-
fisante pour l'existence d'un homme dans les
colonies.

Les soldats qui viennent de conquérir Saint-
Domingue y auraient droit avant tous les
autres, concurremment avec ceux de l'armée
d'Egypte, en indemnité des maux particuliers
qu'ils ont soufferts, et parce qu'ils seraient plutôt acclimatés. En supposant que le nombre
des soldats de l'armée de Saint-Domingue et
de celle d'Egypte qui voudraient s'y fixer, fût
inférieur au terrain de Saint-Domingue, on
prendrait un nombre déterminé de soldats et
d'officiers de l'armée française. Ceux qui voudraient partir s'inscriraient : si le nombre des
inscrits excédait celui fixé par chaque corps,
alors les inscrits tireraient au sort.

Dans les corps où il serait inférieur, les
inscrits des corps où il y aurait de l'excédent,

serviraient à les suppléer : la portion des parts pourrait être dégradativement de 5o à une (1).

Comme dans une colonie on doit avoir principalement en vue la population, les officiers , depuis le grade de capitaine jusqu'à celui de sous-lieutenant, qui ameneraient leurs femmes , auraient la moitié en sus de leur part. Les bas-officiers et les soldats auraient double part, et ceux qui ameneraient leurs enfans auraient demi-part de plus par chaque tête d'enfant.

La part de chaque officier ou soldat serait reversible à ses descendans ; mais s'il mourait sans héritier direct, le gouvernement en ferait un nouveau don à des militaires, ou elle serait distribuée aux nouveaux colons qui auraient le plus d'enfans.

---

(1) Le général de division aurait. . . . . . 5o parts.
Le général de brigade. 25
Le chef de brigade. 15
Le lieutenant-colonel. 12
Le major. 9
Le capitaine. 6
Le lieutenant. 4
Le sous-lieutenant. 3
Le sergent. 2
Le caporal. . . . . 1 et 1/2
Le simple soldat. 1

Comme il pourrait se faire, d'après la cherté de l'exploitation à Saint - Domingue , qu'un soldat ou même un officier ordinaire ne pussent rien entreprendre avec leurs parts, les soldats et officiers pourraient se réunir en société jusqu'à ce que le nombre des parts fût suffisant pour former une habitation qu'ils feraient régir comme ils l'entendraient. Il leur serait, du reste, défendu à peine de nullité, d'aliéner, ou même de vendre en viager d'ici à cinquante ans.

Les soldats continueraient de jouir de leur paie les quatre premières années ; alors ils n'existeraient plus absolument que comme *colons* : ceux dont la santé serait altérée, et qui voudraient revenir en France, en auraient la faculté, et ils pourraient remettre leur part au gouvernement, qui les indemniserait par une pension ou une place équivalente. Indépendamment de ces nouveaux colons français, le gouvernement tâcherait d'attirer à Saint-Domingue des agriculteurs Européens, et principalement du Midi de la France. Il donnerait des primes pour l'importation des noirs à Saint-Domingue, et lui-même en achèterait tous les ans un certain nombre qui seraient distribués dans les nouvelles habitations.

A l'imitation des anglais à Botany-Bay, on déporterait à Saint - Domingue les malfaiteurs des deux sexes. Les hommes seraient occupées aux travaux des ports, à l'encaissement des torrens, aux grands chemins, etc. Les femmes déportées seraient assimilées aux négresses ; il serait à propos de se procurer pour cette partie les réglemens des anglais à Botany-Bay.

Le gouvernement ferait à la colonisation militaire une avance de *six millions* pour quinze ans, dont trois seraient employés en construction de corps de ferme, et en maisons de bois dont on ferait venir les compartimens de la nouvelle Angleterre.

Les trois autres millions seraient employés en achats d'instrumens aratoires, bêtes de labour, troupeaux, semences, vêtemens, ustenciles de ménage.

Les nouveaux colons seraient exempts d'imposition directe pendant vingt ans, et d'imposition mobiliaire pendant 10 ans. Du reste, il n'y aurait entre les colons militaires d'autre association particulière que celle qui peut exister entre tous les citoyens ; et dès l'instant qu'ils seraient colons, ils cesseraient d'être militaires.

On objectera que les Européens ne peuvent

être employés sans danger à la culture des îles, ni se soustraire à l'influence du climat dont ils sont en ce moment les victimes.

Je répondrai, 1.º, ainsi que je l'ai déja dit, que si la culture des cannes et cafiers est supérieure aux forces des européens, ils peuvent du moins se livrer à celle des végétaux et des grains ordinaires, et au soin des troupeaux dans la partie espagnole ; 2.º que les troupes françaises, avant la révolution, ont souvent été employées à des travaux publics qu'elles ont conduits assez promptement à leur perfectiou ; et que la guerre qu'elles viennent d'y soutenir, à laquelle aucun travail ne peut être comparé, indique la possibilité de suivre des travaux modérés. J'ajouterai qu'on voit dans les diverses Antilles des européens de toutes les classes arriver à une vieillesse avancée, quand ils ont mené une vie tempérante ; qu'en attendant enfin une naturalisation plus parfaite de la race européenne, la colonisation militaire aurait, soit dans les noirs, soit dans les malfaiteurs déportés, des aides suffisans. Quant à la maladie qui afflige Saint-Domingue en ce moment, outre qu'elle paraît bornée au Cap, elle est purement de circonstance.

On réplique que si jamais le blanc devenait

cultivateur à Saint-Domingue, il porterait son travail par suite de ses mœurs et habitude à un prix beaucoup plus élevé que le noir ; ce qui anéantissant une partie du bénéfice des exploitations, donnerait encore aux anglais et autres nations un grand avantage sur nous, parce qu'ils continueraient à se servir, à peu de frais, de leurs esclaves.

D'abord il n'est pas question d'expulser les noirs de Saint - Domingue, mais seulement de faire concourir les blancs à la culture, afin de former, s'il est possible, une race indigène. La hausse de la main-d'œuvre, a déja eu lieu, par beaucoup de circonstances connues, telles que la diminution des nègres et l'amélioration de leur sort domestique ; et il est au contraire vraisemblable que l'introduction des blancs dans le système agricultural des colonies, loin d'augmenter le prix de la main-d'œuvre, ne fera plutôt que le diminuer ; car le prix de la main-d'œuvre est en raison inverse du nombre des bras.

Mais d'ailleurs ne peut-on pas prohiber en France les divers produits des colonies anglaises, jusqu'à ce que les nôtres n'aient plus à craindre les concurrences, ou jusqu'à ce que les colonies anglaises aient souffert dans le ré

gime agricole et commercial, des modifica-
tions qui les assimilent aux nôtres, conjecture
assez vraisemblable ? Si enfin les colons ven-
daient moins avantageusement qu'autrefois ;
ils doivent refléchir qu'après avoir tout perdu
ils sont encore heureux de tout recouvrer,
quoique d'une manière moins brillante.

En résumé, l'esclavage perpétuel des noirs
de Saint-Domingue qui ont connu la liberté,
paraissant très-difficile à rétablir dans son ancienne rigueur; il faut chercher la restauration de cette colonie,

1.º Dans un service forcé ou *enrôlement*
des noirs pendant trente ans, au bout duquel
tems ils auraient la liberté . . . .

2.º Dans une colonisation de militaires français aidés dans leur établissement de nouveaux
noirs et des malfaiteurs déportés ; ces militaires colons brideraient les noirs, les forceraient
d'être utiles, et formeraient avec le tems, une
population indigène, se soutenant par ses cul-
tures et son industrie.

Saint-Domingue! île fameuse! vous dont la
terre favorisée épancha tant de trésors, et qui
depuis livrée au vertige de l'innovation, avez
été désolée par l'incendie, le meurtre et les
combats, consolez-vous ; la métropole a porté

sur vous ses regards ! De ses plaies à peine fermées elle arrache les bandes sanglantes pour en envelopper vos blessures.... Colons ! votre guérison sera lente ; mais vous guérirez si vous remettez en pratique l'économie, la persévérance et la bonne foi qui distinguèrent vos ancêtres ; si sur-tout étouffant vos vengeances nourries par les représailles et par les feux de vos climats, vous vous persuadez que désormais toute victoire est un désastre, et chaque goutte de sang répandu, une perte, puisque chez vous le sang le plus obscur a son prix.